10월의 강둑에서

10월의 강둑에서

이 성 욱 제2시조집

도서출판 천우

● 제2시조집을 펴내면서

나는 지난 2000년에 공직에서 정년퇴임 후 두 권의 시집과 한 권의 시조집을 펴낸 일이 있다.

이번 시조집 상재에도 조심스럽고 부담스러움이 없지 않았으나, 세한도의 초가집 흙벽에 크게 뻥 뚫렸던 구멍을 연상하며 숱한 생각에 젖기도 했다. '시는 말이고 감동이고 소통이 아닌가, 말을 골라 갈고닦아 엮은 것이 시이고 보면, 시가 있어 이 세상 밝기나 맑기가 더해지지 않겠는가?' 나는 그렇다고 믿기 때문에, 또 이렇게 용기를 내어보는 것이다.

기꺼이 나의 작품에 대한 평설을 써 주신 이수화 한국문학비평가협회 회장님과 어려운 출판 환경에서도 이 시조집 출판 일을 맡아주신 도서출판 천우에 깊은 감사를 드린다.

2016년 가을에

東安 이 성 욱 씀

● 제2시조집을 펴내면서

제 1 부

단수시조(42수)

잊은 나이 _ 13
초록 눈빛 _ 14
어쨌서 황매더냐 _ 15
민들레꽃 _ 16
쉬엄쉬엄 가란다 _ 17
반쪽 그림 _ 18
눈길 섬광 _ 19
흰 수국(白水菊) _ 20
왕자 사랑 _ 21
연(蓮) _ 22
연분홍 사랑 _ 23
능소화 · 1 _ 24
능소화 · 2 _ 25
한강 물길 _ 26
한강 윷놀이 _ 27
기원 _ 28
새봄은 _ 29
걷고 싶은 길 _ 30
장송(長松)으로 말하리 _ 31
행복은 있다 _ 32
환한 인생 _ 33

인생은 찰나 _ 34
미리 살필 일 _ 35
어머니 생각 _ 36
그냥 두지 _ 37
거울 _ 38
없는 듯이 _ 39
노욕 _ 40
당당한 가지 _ 41
둥근 품 _ 42
예비 환자 _ 43
허투루 안 보더라 _ 44
인천 중화가(中華街) _ 45
양평 해장국 _ 46
전동차 안 _ 47
인생은 혼자더라 _ 48
잊고 사는지 _ 49
설운 날 _ 50
여기도 무릉도원 _ 51
유혹 앞에서 _ 52
여유 _ 53
누구 있어 _ 54

제2부

연시조(43수)

낯선 마을 _ 57
그래도 이승이 낫다 _ 58
그침이 아름답다 _ 59
바보라도 좋다 · 1 _ 60
강물 _ 61
시작 노트 _ 62
그 집이 그리워 · 1 _ 63
그 집이 그리워 · 2 _ 64
수컷 애환 _ 65
편한 시 골라 _ 66
우연히 시를 만나다 _ 67
더디 오는 솔숲의 봄 _ 68
용기 _ 69
뜻한 대로 펼치거라 _ 70
명화(名畵) _ 71
잊으며 살련다 _ 72
청량정사(淸凉精舍) _ 73
세월호 앞에서 _ 74
용문사(龍門寺)를 찾으니 _ 75
암센터의 봄 기도 _ 76
그리운 사람 _ 77
새는 날은 언제지 _ 78
푸른 기개(氣槪) _ 79

나이 덕에 _ 80
월미도 해변공원 _ 81
오래 기리세, 이 감동 _ 82
어느 꽃일까 _ 83
기다리는 님 _ 84
누가 주인인가 _ 85
백일홍 앞에서 _ 86
잡초가 이름인가 _ 87
한강변 논가에서 _ 88
이 집이 단골인 것은 _ 89
촌동 _ 90
무궁화 _ 91
예같이 살아보면 _ 92
새놀부 _ 93
허수아비의 기도 _ 94
나는 지금 여기 섰고 _ 95
둥근 해가 솟으리 _ 96
실반지 _ 97
사랑한다 _ 98
10월의 강둑에서 _ 99

● 평설 이성욱 단시조와 연시조의 미학원리 / 이수화 _ 100

제1부

단수시조

잊은 나이

우짜꼬, 차례 없이
단번에 피고 지면

꽃 진 후 내 곁에는
누가 있어 잠이 들제

나는 왜 설레이는가
이 나이도 장년인가.

초록 눈빛

화들짝 순서 없이
얼굴 내민 봄꽃들이

바람에 손목 잡혀
잠깐 자리 비운 사이

꽃그림 고왔던 그 자리
초록 눈빛 초롱 같다.

어째서 황매더냐

밤별이 영춘화(迎春花)로
펴 났단 말인가요

가지마다 총총히도
깜찍한 별무리들

봄맞이 노랑꽃이니
황매(黃梅)로도 불리더라.

민들레꽃

양지쪽 골목길 가
낮은 곳 그 자리에

낮게 핀 민들레가
튤립보다 긴 눈이니

입 모아 부러워한다
너른 벌판 교목(喬木)까지.

쉬엄쉬엄 가란다

사막의 뭇별인 양
촛불 든 목련 아래

밤새워 봄옷 지은
영춘화며 산수유가

길손을 불러 세운다
쉬엄쉬엄 가란다.

반쪽 그림

엄매, 배내송아지
떠나간 빈자리를

뜬눈에 밤새우며
애타게 그렸건만

어미소 지독지정만 남아
가슴 아린 반쪽 그림.

눈길 섬광

초록의 향연장에
초대된 5월 장미

눈 시린 푸르럼에
눈부신 진홍자태

발걸음 발길 멈추고
눈길마다 이는 섬광.

흰 수국(白水菊)

넉넉한 한강 품을
등 너머 펼쳐놓고

주먹밥 허어옇게
푸짐히 이고 서서

누구나 먹고 가란다
수국 눈빛 촉촉하다.

왕자 사랑

함지박 함박꽃이
활짝 웃는 해 뜰 무렵

한강변 팔각정엔
어느 왕자 납셨기에

온갖 꽃 머리 빗고서
숨죽이고 애태우나.

연(蓮)

연이란 뿌리마저
다 채우지 아니하고

넘쳐도 또 채우는
겹꽃은 지나보며

받쳐든 꽃 한 송이가
보름달로 가분하다.

연분홍 사랑

부용의 달빛 미소
그 앞에 바보 되어

진달래 능선 아래
연못도 그려본다

떨리는 연분홍 사랑
눈길 앗긴 연꽃 속살.

능소화 · 1

황홍색 능소화가
온 마을 밝힌 뒤에

땅 위에 지고서도
촛불인 양 바로 섰다

그래서 양반꽃이면
그 양반은 양반일세.

능소화 · 2

얽히고설킨 뒤에
붕당을 이루고서

서로가 제일이다
얼굴까지 붉혔다면

그 꽃이 양반꽃일까
상꽃보다 비린 것을.

한강 물길

가랑잎 밟아지나
강둑에 홀로 섰다

남산과 아차산은
눈인사로 주고 받고

첫 만남 한강 물길도
천연스레 다정하다.

한강 윷놀이

한강물 물길 위에
얼음장판 장관이다

빛나고 번듯하니
큰집 정침 큰방일세

설날에 다 함께 모여
윷 한 판 놀아볼까.

기원

다가올 새봄에는
순리대로 움이 트고

차례대로 줄도 서고
손도 잡고 걸어야지

스스로 갈 줄도 알고
보낼 줄도 알게 하고.

새봄은

봄을 잉태한
꽃 지고 잎 진 자리

힘겨운 입덧 멎고
긴 침묵 흐른다

새봄은 활짝 웃거라
양팔 펼쳐 안아보자.

걷고 싶은 길

파키라, 고무나무
키 자랑이 날로 크네

그 아래 아기자기
녹색 화분 눈짓 따라

내 마음 걷고 싶은 길
광릉 숲길 초입이다.

장송(長松)으로 말하리

우시장 바닥인 양
질척질척 밟히고도

언제나 고개 들어
무너질 수 없다는 걸

해오름 동녘 하늘 가
장송으로 말하리.

행복은 있다

세상에 앉을 자리
있다는 행복함은

그 자리가 어디이고
어떤 것이 문제더냐

사방에 행복은 있다
길 나서면 길이 있다.

환한 인생

발 편한 그런 신발
맘 편한 그런 사람

있어도 없는 듯이
없어도 있는 듯이

무던히 살아가는 삶
그런 삶이 환하더라.

인생은 찰나

누구와 마주 앉아
찻잔을 비운다면

이 또한 얼마나
복 받은 삶인가요

인생은 찰나이더라
지난 후면 어제더라.

미리 살필 일

새벽이 올 때까지
무엇을 하냐구요

잠든 세상 깨울세라
조용조용 펼쳐가며

사람이 사람인 것을
미리 살펴 보는 거지.

어머니 생각

밀양역 승강기를
뒷걸음에 내려서서

30년 전 어머니를
그리고 있습니다

그날의 넘기 힘들던
구름다리 위에서.

그냥 두지

그대로 그냥 둬도
꽃 지고 잎 질 것을

어이해 미리 질러
지우고 지웠는지

세월 가 은발 날려도
남은 말이 '그냥 두지'.

거울

이제야 안심이다
겉모습도 속사정도

이 말을 믿고 싶어
나날이 분주하다

거울만 거울이더냐
주위가 다 거울이다.

없는 듯이

소중한 꽃이라면
벼꽃 위에 꽃 있을까

높은 가지 꽃 중에는
은행꽃도 들겠으나

벼꽃도 은행나무꽃도
없는 듯이 있는 것.

노욕

남 아닌 우리끼리
그 사람 그 사람들

종심 후반 지나면서
그 자리는 가당찮다

오늘도 구름 흐르고
꽃잎들도 쓸리는데.

당당한 가지

늦가을 눈비 내려
낙엽을 잠재우고

후줄근히 젖은 숲길
오금까지 저려오나

보아라, 당당한 가지
시치미도 당차다.

둥근 품

암센터 둥근 솔이
혼자서 하는 말이

모두들 둥글둥글
살자고 하는구나

석양엔 칼바람까지
둥근 품에 안긴다며.

예비 환자

신장은 3센티가
체중은 6킬로나

각각이 줄고 줄어
씁쓸한 병원 복도

주치의 기다리는 머릿속
산 세월과 살 날들.

허투루 안 보더라

차례를 기다리는
병원 복도 긴 의자에

존엄한 생명들이
숨차게 무거워서

서로는 허투루 안 보더라
눈 감고도 뜬 눈같이.

인천 중화가(中華街)

인천역 중화가의
소문난 맛집 앒은

발길에 발길 쌓여
자음 ㄹ도 벗어났다

여기가 중화가이면
여기 밖은 대한간가.

양평 해장국

양평 해장국이
서울까지 얼얼하니

다시 또 찾으리까
그렇지 않으리까

지금도 어리둥절해
얼떨결에 찾으리.

전동차 안

열이면 열 백이면 백
다 다른 신발에다

색다른 옷차림에
손에는 스마트폰

역마다 밀물 썰물은
차고 빠져 설렌다.

인생은 혼자더라

산천이 푸르다면
그것으로 꿈길이나

살 같은 세월이니
옷깃을 여미거라

인생은 혼자이더라
그러려니 하려무나.

잊고 사는지

매몰찬 말 한마디
과녁에 깊게 박혀

50년 세월 뒤도
수정이 어렵단다

그자는 잊고 사는지
잊은 듯이 사는지.

설운 날

우산도 소용 없는
빗줄기에 맞대응해

짝 찾는 매미 떼의
새벽 절규 처절하다

오늘이 가야 할 그날
남은 모를 설운 날.

여기도 무릉도원

복사꽃 핀 마을에
바람이 일었는가

물 위에 떠내리는
꽃구름이 곱구나

여기도 무릉 꽃마을
덕담으로 안온하다.

유혹 앞에서

내가 날 존중하고
반성하고 경계하며

내가 날 격려하고
겸손히 만족하면

언제나 자유로우리
빈 하늘에 구름처럼.

여유

월미도 2층 카페
창가에 앉아 보면

눈섶 아래 그어지는
인천대교 다리 아래

오가는 어느 배들이
조급해서 다투던가.

누구 있어

바람 없는 언덕 아래
단풍이 오래 곱고

기름진 땅 나뭇가지
푸름이 오래감을

팔순에 내가 알았다면
누구 있어 감사하나.

제2부

연시조

낯선 마을

스산한 겨울 숲길 깃 세워 지날 적에
사라진 고향 숲이 '할 말 있다' 다가와
숲이란 외풍막인데 거짓처럼 버혔다고.

수백 년 고향 마을 수호한 당산 숲이
사랑청 · 안마루로 숱한 얘기 품었는데
지금은 흔적도 없으니 마을마저 낯설다.

그래도 이승이 낫다

흙 속의 십칠 년이 얼마나 길었으면
나뭇가지 부여잡고 3주째 울고 있다
나는 왜 떠나야 하나 또 이렇게 땅 속으로.

누구는 매미를 맴, 맴, 맴 운다지만
내 귀엔 그 울음이 왜, 왜로 들려옴은
그래도 이승이 낫다 울며라도 살라 하네.

그침이 아름답다

다 좋은 쾌사 효사 만난 일 있단 말가
항룡도 다 채우면 후회만 남는 것을
장하면 그쳐라 했다 그런 후야 아름답다.

배운 것 가진 것도 적다만 웃을 일이다
좌절은 하지 마라 넘침도 허사란다
이렇듯 내 품의 삶이 아름다운 삶이다.

바보라도 좋다 · 1

새는 날 인시마다 마주보는 별무리가
오늘도 그 자리에 오롯이 또렷함은
서로가 못 잊는 사랑 사랑함의 믿음이요.

언제나 한 방향 동남향 바라봄은
아득히 펼쳐놓은 지난날 꿈길이라
빈손의 바보의 삶도 바보같이 그립다.

강물

숨죽인 강수면(江水面)이 수상타 하였더니
숭어떼 농어떼의 유영에 취했구나
그래도 안심하란다 물밑만은 흐른다.

강물은 흘러간다 흘러야 강물이다
굽이굽이 돌아돌아 둘러둘러 흐른다
막으면 참고 서 있다 때가 되면 또 흐른다.

시작 노트

자연을 배우며 자연을 닮아가며
물처럼 이 세상을 찬찬히 살아보려
어제는 강둑에 앉아 나를 실어 보냈구나.

강가에 나선 지도 20년이 차오는데
촉촉한 나의 시는 몇 점인가 빈손인가
오늘은 풀밭을 질러 강둑길을 흘러간다.

그 집이 그리워 · 1

들떴던 꿈길 접은 연록의 숲길 위에
늦사월 아침 햇살 눈부셔라 싱그럽다
한 무리 재잘댄 발걸음 귓등으로 사라지고.

먼 길 떠난 님 곁에는 솔바람이 동행할까
오늘도 대문만 열려 있을 그 집에는
찾는 이 없는 뜨락에 꽃은 피고 지는지.

그 집이 그리워 · 2

달이 차 믿는다오 그대를 남산만큼
우리는 알고 있다 그날부터 이날까지
서로가 교과서 끼고 하나부터 열이 됨을.

그리운 내 고향은 사오십 호 작은 동네
장대를 걸칠 만큼 좁다란 산골 마을
지금도 살강 밑 옹기는 보름마다 차는지.

수컷 애환

까투리야 고만고만 맨얼굴도 그만이고
장끼란 놈 꽃단장에 목청까지 쉬었으나
이것도 운명이라면 지칠 수도 없는 일.

갈기 선 수사자 포효에 백수가 얼고
암사자 한동안은 다소곳도 하였으나
그것도 길어야 한 십 년 홀로 누운 홀아비.

편한 시 골라

명자*야, 너를 만난 산책길이 행복했다
얼추 다 비슷비슷 모두가 서먹한데
잎 지운 너의 얼굴만 모과 닮아 믿음구나.

명자야, 내 맘도 모과에게 전해주고
추석 뒤 날을 잡아 강둑에 둘러앉아
물같이 편한 시 골라 강물 위에 띄워보자.

*명자 : 명자나무 열매.

우연히 시를 만나다

가슴 속이 떳떳하니 군자는 편안하고
조금 더 얻으려다 다 잃는 건 소인일세
그대는 어느 쪽인가 어느 쪽도 아닌가.

부끄러움 지키면서 살기란 어려운 일
그러나 가서는 안 될 길을 갈 일인가
외진 길 바보 졸(拙)의 길 그 길섶에 시가 있네.

덜 가지면 또 어떠니 구름 걷혀 달은 밝고
집집이 꽃은 피어 봄기운 그득하다
모두들 마당에 나와 꽃핀 세상 함께 볼까.

더디 오는 솔숲의 봄

하늘도 답답해 눈 감은 미시였나
언제쯤 우리들도 우리 소리 낼 것인가
참으로 면벽고행에 더디 오는 솔숲의 봄.

어처구니없는 일이 또 이렇게 불거지니
나의 덕 없음을 나무라는 나의 한숨
기막혀 울 수 없는 난 무슨 말을 해야 하나.

하기야 무슨 말 · 글 펼쳐놓고 집어준들
새봄이 다가옴을 짐작이나 하더이까
눈치로 올 봄 아닌데 눈치로만 살피네.

오늘도 세종은 세종로에 훤히 앉아
어린 사람 눈이 되고 즐거이 귀가 됨을
교보*는 알고 있다네 더디 오는 봄까지도.

* 교보(教保) : 서울 세종로 소재 '교보문고' 본점.

용기

부끄러움 아는 것을 용기라 하였던가
인정할 줄 아는 것도 용기가 아니던가
그때는 내가 왜 그랬을까 지금이면 또 어떨까.

지금 나는 왜 또 이러고 있는 건가
이렇게 말하는 내가 밉다 부끄럽다
무엇이 달라졌단 말인가 달라진 게 없는 거지.

뜻한 대로 펼치거라

색깔도 모양새도 크기도 상관없이
활짝 핀 꽃이라면 어느 꽃이 곱지 않나
뜻대로 펼친 뒤라서 접는 일도 아름답다.

꽃진 자리 자리마다 초록의 고운 눈빛
서로가 손잡고서 다시 또 꽃 피우리
밤하늘 빛난 별처럼 뜻한 대로 펼치거라.

명화(名畵)

한나절 저녁놀도 저렇게 황홀한데
노부부 평생그림 아직도 수면인가
누군가 스치는 말이 두 어른이 명화란다.

함께한 50년 세월 은발도 자랑이고
펼쳐 본 책장마다 밑줄 친 진한 열정
오늘도 약속 지키려 분침 앞이 분주하다.

잊으며 살련다

무엇을 보이려나 무엇을 감추려나
지식인 몇 할이 그렇다 하였던가
발아래 흐르는 물도 잊고 살라 하는구나.

낮은 자리 이 자리도 해무늬가 다가서고
찰싹이며 잔물결도 쉼 없이 찾아오니
오늘도 잊고 살련다 인파 속을 걷는다.

청량정사(淸凉精舍)*

붕긋붕긋 솟아오른 육육봉의 감동들로
내가 선 이 자리가 어머니 품 안이다
이 산의 주인은 누구신가 청량산인*이 주인인가.

사방을 둘러봐도 두루두루 포근하니
사면 벽 서책 독서 모나지 않았으리
지금은 청량정사에 햇살만이 도탑다.

* 청량정사(淸凉精舍) : 퇴계 이황이 공부했던 곳을 기려 경북 봉화군 청량산에 지은 집의 이름.
* 청량산인(淸凉山人) : 퇴계 이황의 별호(別號).

세월호 앞에서

— 2014. 4. 16.

공과 사 생과 사 세월호 앞에서
우리는 뉘와 함께 긴 밤을 새우나
그들은 이 땅의 희망 피어나는 꽃이었다.

물가에 하염없이 서 있는 내 걱정에
물 깊다 귀띔하고 사라져간 그 환영이
오늘은 스쳐 지난다 세월만이 약이라며.

용문사(龍門寺)를 찾으니

도랑물 앞세워서 다다른 용문사는
천왕봉 시주 덕에 대웅전이 산허리요
트인 길 동남길이니 서라벌을 그리누나.

내디딜 땅도 없는 절 앞에 우뚝 서서
은행목 장한 염불 중생을 다독이니
봄맞이 얼굴 얼굴에 산벚꽃이 만발이다.

용문에 등룡 승천은 누구나의 꿈 아닌가
하늘은 열려 있고 가슴이 울렁댄다
도랑물 도란도란 흘러 이야기도 따스하고.

암센터의 봄 기도

정발산 산자락에 봄기운 번져가니
'암센터' 창문에도 햇살이 속삭인다
꽃 먼저 피우고 나서 푸른 잎도 피운다고.

외래식당 남창 밖은 뭇별 같은 목련 촉대
다투어 불 밝히고 눈을 감고 합장한다
꽃 피운 자리자리에 환한 얼굴 빛나소서.

그리운 사람

금조각이 주체없이 쏟아지는 은행길에
발길은 속삭이고 가지는 말이 없다
이런 날 너와 손잡고 가지런히 걷는다면.

설레던 벚꽃 축제 지난 봄도 불러내고
꽃보다 불길 높게 가슴을 태우리라
이런 날 마주앉아서 찻잔까지 비운다면.

새는 날은 언제지

이제 우리 사전엔 부끄럼은 다 지웠나
용기 같은 용기도 사라진 지 오래인 듯
노회한 모사꾼 곁에 히죽대는 인심들.

부끄럽지 않거들랑 가져라 다 가져라
네 것도 내 것도 네 것이면 다 가져라
지금도 한밤중인가 새는 날은 언제지.

푸른 기개(氣槪)

모두들 돌아서고 외면한 길 홀로 걸어
후미진 비탈길에 깊이 파인 발자국
이제야 빛 저운 그 자취 굽이굽이 가멸차다.

발아래 터인 길은 바람처럼 자유롭고
늘 푸른 솔숲 그늘 또 다른 세상이다
그 기개 하늘에 닿아 푸르름이 영원하리.

나이 덕에

일이만 원 쥐고서는 이발소에 갈만하고
육칠만 원 쥔 날은 치과에도 갈 일이다
두 의잔 행복했다네 잘라내고 지워냄이.

흉한 것이 노욕이라 덜 만큼 덜어야지
다듬고 깎아내고 지우고 또 지우니
모두가 홀가분했다 나이 덕이 아닌가.

월미도 해변공원

대교(大橋)가 남새밭 울타린 양 아련하니
월미도 해변공원이 고향 마을 같구나
이곳은 언제 들러도 말 없이도 소통이네.

눈여겨 살펴보렴 몰려드는 인파를
주중이나 주말이나 어느 때고 할 것 없이
언제나 따스하더라 달빛인 양 편안하고.

오래 기리세, 이 감동

— 2013. 9. 15. 인천상륙작전기념행사장(월미도 해변공원)에서

9 · 15 상륙작전 대승기념 63회 돌날
전투기에 포성 걸쳐 연막친 인천 해안
노병의 거수경례가 간담까지 써늘하다.

빨아 다린 군복차림 그날의 참전용사
훈 · 포장 각종 휘장 눈부신 가슴마다
불타는 우국충정이 가을 햇살 태운다.

9 · 28은 다음이요 오늘은 9 · 15다
바닷물도 끓어올라 전동차를 몰고 가니
이 감동 오래 기리세, 이 땅의 청년들아.

어느 꽃일까

꽃말이 '영원한 행복' 이면 어느 꽃일까
색깔도 모양새도 크기도 궁금하다
천여 평 꽃밭 더듬어 내 발길이 멎은 꽃.

내가 왜 이 꽃 앞에 섰는지 나도 몰라
슬며시 꼭지 향해 짙어가는 자줏빛깔
이 꽃이 '루드베키아'* 보고 봐도 포근해라.

*루드베키아 : 국화과, 화단용 초화.

기다리는 님

— 노랑 코스모스(개량)

누구의 붓 끝으로 그려낸 그림인가
얼추 네 평 꽃밭이 온통 노랑 나빌레라
모두는 환영한단다 날개 고운 참나비를.

해 뜰 무렵 이맘때를 놓치지 않으려고
저마다 꽃잎 열고 발 돋워 애태운다
참나비 드나든 집집이 꽃잔치로 흥겨워라.

누가 주인인가

눈부신 7월 햇살 부담으로 남는 아침
달빛과 눈빛 맞을 부용화와 마주 서니
흰빛과 연분홍색이 엷은 만큼 선녀 같다.

지나는 길손까지 발걸음 멈춰 서고
부용화도 옷깃 여며 꽃잎마저 긴장하니
나비는 '누가 주인인가' 사분사분 사분댄다.

백일홍* 앞에서

주변이 녹색이요 하늘도 짙푸르니
청록색만 접어두고 색색으로 꽃피는 꽃
온 정성 다 바친 기도 짧아지는 여름날.

백일을 하루같이 꽃피우는 열정으로
여름날을 불태우는 백일홍 앞에서
손꼽아 기다리는 님 추분 뒤나 오려나.

*백일홍 : 국화과, 꽃말은 기다림.

잡초가 이름인가

블록 제방 서른 살에 잡초만 무성하다
베게 난 어느 풀도 심은 인 바람일 뿐
참으로 대단도 하다 검질긴 생명이여.

하기야 잡초가 이름인가, 미안하이
내일은 도감 끼고 제방에 나오리다
한 자락 푸른 바람이 풀잎들을 다독인다.

한강변 논가에서

"모야 모야 노랑 모야, 너 언제 커 열매 열래,
이 달 크고 훗달 크고 그 훗달에 열매 열지…"
한 많은 남도 모내기 노랫말이 아니더냐?

나 오늘 한강변 논가에서 귀가 운다
그날의 그 사람들 몇이나 남았을까
지금은 그 아린 가락 멀어진 지 오래다.

배부른 세상 만나 밥 걱정은 넘겼으나
가슴 찡한 감동들은 만나기가 가뭄이라
튼실한 벼 포기 끝에 맺혀 설운 아침 이슬.

이 집이 단골인 것은

2층의 단골식당 서창가 몇 자리는
월미도 앞바다를 잠시나마 세냈단다
오늘도 식당 주인은 반갑다며 인사하고.

외벽 광고판엔 "덜렁이네 막 준대… 뭘"
식탁도 깔끔하고 창문틀도 꽃밭이나
이 집이 단골인 것은 지는 해도 부럽더라.

촌동

강물 위 해 떠올라 해무늬가 장관이나
금빛으로 번쩍이는 물기둥은 불안하고
한강변 여는 아침도 너무 훤해 바쁘다.

물새는 고기 몰아 다급히 오르내리고
강태공은 낚싯대만 끼고서 숨죽일 때
나는 또 논으로 간다 논바닥이 궁금하다.

무궁화

너 잘났다 내 잘났다 얼굴 내밀던가요
내가 먼저 내가 먼저 차례 놓고 다투던가
한 송이 또 한 송이씩 순서대로 피었을 뿐.

긴 여름 다 가도록 줄대어 꽃피우려
가지마다 꽃망울은 두어 개씩 자리잡아
오늘도 개화 꿈속에 열 손가락 모자란다.

진한 색은 멀리하고 엷은 자홍, 백색으로
녹색의 바탕 위에 듬성듬성 그렸구나
순하고 편안한 얼굴 달빛인 양 은근하다.

예같이 살아보면

지나 새나 생각나는 아름다운 사람들과
언제 또 다시 만나 예같이 살아보면
철 따라 꽃피는 곳에 숲 그늘도 푸르리라.

누구가 누구에게 거짓을 말하던가
어느 누가 누구에게 잘난 체 하던가요
강물은 순하게 흘러 달빛 또한 고우리.

새놀부

치면하면 멈추거라 욕심은 끝없더라
놀부만 놀부더냐 새놀부도 놀분기라
새놀부, 가당찮더라 옛놀부는 양반이제.

양반이라, 양반 아닌 놀부도 있다더냐
내 듣기로 양반 밑에 진 꽃이 얼마인데
그놈의 양반놀음에 숨죽인 자 몇이었나.

놀부란 옛놀부고 새놀부고 다 그렇다
지금은 교양인은 모두가 양반일세
새놀분 놀부 빰치는 놀부 위의 고수더라.

허수아비의 기도

나날이 휑하게 수척하는 가을 들녘
가녀린 코스모스 몸짓 또한 애잔하니
스치고 지나치기는 발걸음이 무거워.

허수아빈 서성대다 논가에 섰단다
그래선가 이 논의 벼이삭은 오롯하고
이웃집 김장 배추도 치마끈을 졸라맨다.

나는 지금 여기 섰고

남 먼저 피는 꽃이 벚꽃이 아니던가
남 먼저 지는 꽃도 벚꽃이 아닌가요
자연의 순리라는 게 모두 이런 것이라면.

우리도 늦지 않게 냇가라도 나서볼까
흐르는 물과 바람 순서대로 지나갈 뿐
앞지른 흔적 없더라 나는 지금 여기 섰고.

둥근 해가 솟으리
— 2014. 11. 7.(윤 9. 15. 입동)

강변길 보안등이 한순간에 눈을 감고
한아름 보름달도 남산 품에 안기니
한강 가 잠실강둑은 혼자라서 외롭단다.

윤구월 보름날에 옷소매가 시리다
날새는 첫 아침에 바람마저 푸르러서
지금쯤 남한산성엔 둥근 해가 솟으리.

실반지

우린 언제 사랑한다 말하며 살았는가
한가히 하늘인들 바라볼 틈 있었던가
일 년도 하루해였고 반백 년도 한 해였다.

둘이 함께 보낸 세월 은발로 흩날리니
겪었던 지난 일들 해초로 무성할까
종심의 끝자락 손에 실반지가 새롭다.

사랑한다

나, 그대 사랑한다 너른 품 한가람아
어쩌다 하루라도 그대를 못 보는 날
하늘은 흐려만 지고 가는 길이 멀더라.

나, 그대 그리워 그 지점 지날 때면
함박꽃 꽃잎 위에 아침 이슬 눈부셔라
누구지 묻는다 해도 스친 걸로 행복한 걸.

나, 그대 못 잊어 혼자라도 여기 서서
그 자태 그 몸짓 그리고 있습니다
어쩌면 또 만나리라 앞뒤 좌우 빈자리니.

10월의 강둑에서

지우는 강둑에서 옛날을 그려보고
그리운 강둑에서 내일을 넘겨보니
키 낮은 마른 풀들도 땅심으로 안심이며.

바라본 삼각산과 고향의 앞동산은
그 기상 그 모습이 지금도 그대로라
난, 오늘 10월의 강둑에서 봄 햇살을 맞고 있다.

이성욱 단시조와 연시조의 미학원리

— 제2시조집 『10월의 강둑에서』 평설

石蘭史 이 수 화
(국제펜클럽 · 한국문인협회 원임부이사장, 한국문학비평가협회 회장)

이성욱 제2시조집 『10월의 강둑에서』는 그의 시정신과 시조 창작 원리가 위일융합해서 구현하는 단수시조(單首時調)와 연시조집(連〈聯〉時調集)이다. 시조가 고려 때 발생해서 이미 수세기 동안 우리 민족 전통 사유(思惟)를 형상해 오는 고유한 민족 시가(詩歌) 장르로서 민족 사상과 정한 정서의 독자적 미학으로 정립, 진화해 오고 있다 함은 주지의 사실(Fact)로 오늘 우리의 이성욱 시조시인 두 어깨에도 여지없이 그 영광과 책무가 부하되고 있는 것이다. 차제에 그의 아름다운 단수시조와 연시조 미학의 구조 원리를 독자와 함께 더불어 살핌으로써 진정성의 전통문학의 진의와 이성욱 시조시학의 현 주소를 눈 밝혀 살펴 감상코자 한다.

1. 이성욱의 단시조

이번 이성욱 제2시조집 『10월의 강둑에서』는 이 표제(表題)의 시조가 제2부에 수록된다. 그런데 이 작품이 연시조이므로 여기서 왈가왈부하기보다는 여기 제1부 수록 '단시조' 검토가 끝나고 2부 '연시조' 수록분 작품 검토에 들어가서 표제시는 자세히 살피도록 하겠다.

이성욱의 '단시조'는 3장 6구 12음보 45자 내외로 압축 절제하는 기법에 따라 형상화 또는 표상화되는 '정형시'다. 3장 6구 12음보라는 음절수 마디가 시조(時調)를 이뤄내는 기본 단위, 즉 단수시조(單首時調, 한 편의 단독 시조)이다. 시조의 본령이랄 수 있는 이 단시조 한 수를 평시조(平時調)라 부르기도 한다. 이성욱의 단시조(평시조)가 실현하고 있는 시조의 율격은 사람의 피처럼 불가피한 시조의 원리적 요소다. 이 율격이 초장(初章)과 중장(中章) 4음4보격으로 정형화되어 있는 바가 '음량률'이고 '종장(終章)'만은 시상(詩想) 완결을 위해 그 '첫마디'는 반드시 3음절(예; "어즈버" 또는 "아뿔싸" 세 음절)로 고정(固定)해야 하는 음수율의 혼합율격이다. 시조 율격에서 음보(위 예 어즈버, 아뿔싸와 같은 하나씩의 음보)의 기본적 기준 음량은 4음절이지만 '종장(終章)'에서만은 3음절이어야 한다는 말이다. 그런데도 이 종장 3음보 법칙이 아닌 다른 4음절 기준의 음절수가 한 음절 적은 3음절인 경우 그 부족한 음량은 장음(—; 한 음절 정도의 음장 표시

임) 처리(예; 매—화, [매애화아])해야 한다. 장음 표시는 이 V(한 음절 정도의 묵음 상태와 같은 수의 기호)로 해줘야 하는 것이며, 즉 "꽃도오오"를 "꽃도— V" 네 음절이 되도록 —V로 채워주는 것이다. 말하자면 눈에 선한 가시적(可視的)이고, 귀에 들리는 가청적(可聽的)인 음절 수가 작품마다 다르고 그래서 시조가 정형시이되 글자 수가 다른 자율적 정형시가 되는 것이겠다. 3장 6구 12음절 45자가 아니라 45자 내외(內外) 46자가 되기도 하는 것이란 말이다. 거듭 말해 3음절로 고정하는 종장(終章) 첫마디를(어즈버, 또는 아뿔싸) 특별히 존중하고, 다른 초장과 중장 그리고 저 특별한 종장(終章)의 둘째 마디 이후는 개별 작품마다 글자 수가 다른 음량률이라 시조의 율격을 음수율과 음량률이 혼합된 '혼합율격' 이라 한다.

이성욱 단시조에서 이상과 같은 시조 창출 원리를 좇아 그 현현(顯現)적 총체성에 접근해 보기로 하자.

발 편한 그런 신발
맘 편한 그런 사람

있어도 없는 듯이
없어도 있는 듯이

무던히 살아가는 삶
그런 삶이 환하더라.

—「환한 인생」 전문

이 시조는 메타 텍스트부터 심상치 않다.「환한 인생」이라는 제목의 심상찮음에는 '인생', 삶에 대한 환하다는 형용사가 다붙어 그 인생, 삶이 얼마나 환한, 밝은 것인가, 최상급의 명랑한 삶을 가리키는 것인 바, 이는 바로 우리 민족의 시원 사상인 환단(桓檀)사상, 환인(桓因)과 단군(檀君)의 밝고 맑은 홍익인간(弘益人間)주의 사상에서 비롯되고 있는 이미지인 것이다. 시인의 이와 같은 밝고 맑은 인간을 널리 사랑(이롭게 하는)하고자 하는「환한 인생」시정신이 3장 6구 12음보에 시인의 간절한 사유로써 아로새겨지고 있다.

먼저 3장의 첫 장 "발 편한 그런 신발" 같은 사람이야말로 우리 누구나가 더불어 살 만한 사람임을 시인은 신발이라는 삶의 생활 체험으로 비유하는 은유(隱喩) 이미저리로 표상화하고 있다. 여기에는 그러한 이데아를 단정적으로(진리의 보편적 제시) 말할 수 있는 체험 소산이 긴요한 바, 이성욱 시인은 세속 나이 지긋한 지적(知的), 영적(靈的) 스탠스(Stance)가 필요 충분히 축적된 인격으로서 이 첫 장 두 구를 정확하게 2행 1장으로 기사해 놓고 있다 하겠다. 저 세속 나이 지긋한 지적(知的)이란 환단사상(桓檀思想)의 지적(知的) 체험이 가능한 시인의 춘추(春秋)를 말함이고, 영적(靈的) 스탠스란 시인도 갈 데 없는 환인 단군 자손의 혼백으로 형성된 인간임을 말한다. 얼마나 혈연애가 통하는 시적 함유로 느껴지는가. 그리고 첫 구와 둘째 구의 "편한 그런 사람"이라는 중첩 표현 방식에서 오는 시인의 정제되고 인문 정신의 다사로움이 진득하게 묻어나는 인간 유형의 지적인가. 이 첫 장 두 구행(句行) 네 음보는 시조창의 기본 운율격으로서 노래하기에 매우 아름다운 사의(詞意)로써 현현(顯現)하고 있다. 다음 둘째 연의 이디엄 방식의 표상성, 그 반어법의 두 구행 대척은 참으로 시조 표현술의 묘미의 경계에 이르고 있으며 저 반야사상의 색즉시공, 공즉시색이 우리 생활 리듬으로써의 시조 예술 리듬으로 형상화되는 극서정(極抒情)의 경지에 이르렀다 하겠다. 어려운 관념 세계를 이처럼 평이하게 알아챌 수 있게끔 문학화한다는 솜씨는 이성욱 시조 창작 솜씨 말고는 쉬이 찾아내기 지난사일 터이다.

예시 종장 첫 구의 제1보가 바로 단시조 종장 혼합율격 3음절 필수 요소가 된다. "무던히 살아가는 삶"의 구두(句頭) 3음절 '무던히' (마음씨가 너그럽다는 뜻)가 그것인 바, 이성욱 시인이 이 시조에서 견지하고 있는 한글 구어체 가락이 취사하고 있는 매우 합당한 '종장 3음절'이겠다. 그리고 이 구에 드디어 "살아 있는 삶"이라는 파격보(4음절을 넘어선 5음절)가 활용되고 있다. 백수 정완영의 지론인 '가벼운 파격'이다. 이래서 시조는 3장 6구 12음보라는 형식 규율을 기반으로 생성되는 정형시이되, 자율적으로 음절 수를 조절하면서 음량을 채워 탄생되는 정형시다. 그리고 이성욱의 「환한 인생」은 고시조와는 다른 현대시조라는 3장 시조지만 시인의 사상(思想)이 위일융합된 단시조 정형시의 절창이 아닌가 한다.

소중한 꽃이라면
벼꽃 위에 꽃 있을까

높은 가지 꽃 중에는
은행꽃도 들겠으나

벼꽃도 은행나무꽃도
없는 듯이 있는 것.

—「없는 듯이」 전문

이 시조도 이성욱 단시조 정형시 자질이 99% 충족돼 있으되 종장 둘째 음보 "은행나무꽃도"가 가벼운 파격으로 2음절 많을 뿐이다. 그러므로 여기 말하고자 하는 바는 이 정형시가 발화하고 있는 시조 텍스처(의미·내용), 즉 시니피앙(記意)의 총체성이다. 시니피에(記票) '벼꽃' (2행구 첫 음보)이 이성욱 시인의 「없는 듯이」라는 존재론적 사유를 현현(顯現)하고 있기 때문이다. 세상에 따지고 보면 '벼꽃' 말고 또 무슨 꽃을 제일로 손꼽을 수 있겠는가. 한민족만 해도 수천 년을 먹고 살아오는 존재론적 근원이다. 꽃 자체의 생물학적 존재 위치가 높은 가지에 피어나는 은행꽃이 있다 한들 그 근본적인 존재론적 가치는 벼꽃이 일 미터 상공에 피어나는 존재에 불과한데도 민족의 생존적 식량 가치에 비할 수조차 없질 않는가. 그런데, 시인은 종장에 "은행나무꽃도"라고 그 유가치성은 물론 "벼꽃"과 동

일한 위상에 놓았다. 그러나 놀라지 말자. 원래 이성욱의 포에지는 그 환한 환단(桓袒, 홍익인간), 널리 인간을 이롭게 하는 사상(思想)에 뿌리내리고 있다 함을 이미 전기(前記)한 바 있는 것과 같이 "은행나무꽃"도 "벼꽃"처럼 "없는 듯이" 존재하는 존재자로 본 만유 포용의 화엄 정신에 기반된 이성욱 시정신 소산인 것이다. 벼꽃이든 은행나무꽃이든 시인의 언지(言志)는 그 시니피에와 시니피앵의 결합 내연(內延, Intention)에서 실경(實景)을 보게 되는 묘험(妙險)을 우리는 맛보게 될 터이다.

밤별이 영춘화(迎春花)로
펴 났단 말인가요

가지마다 총총히도
깜찍한 별무리들

봄맞이 노랑꽃이니
황매(黃梅)로도 불리더라.

—「어째서 황매더냐」 전문

「어째서 황매더냐」는 단수의 맛과 격을 오롯이 살려 놓은 가편(佳篇)이다. 초장의 밤별이 펴 난 듯 화려한 영상 모티프와 중장의 물아일체(物我一體)로 화하는 리리시즘의 시야 그리고 종장의 강렬한 비약이 성취되기까지 밤별과 영춘화와 황매는 인간 심상(心像)이 거

둘 수 있는 황홀경의 아름다운 야상도(夜想圖) 한 폭의 진경(珍景)이다. 누구에게 물음이 아닌 홀로의 자문자답인 초장~중장의 밤별이 "가지마다 총총히도/ 깜찍한 별무리들"이라는 멀티플(重唱) 이미지즘은 자유시 피지컬 포에터리의 경지를 포월(胞越)하는 신비경(神秘境)의 현상학이다. 그리하여 종장 첫 마디로 창출되고 있는 "봄맞이" 이 세 음절은 이 단시조의 격조와 시인의 계절 감각의 품위와 독자의 우주와의 합일감을 성취하는 미학의 구극(究極)에 이르렀다 감동하지 않을 수 없다. 이와 같은 「어째서 황매더냐」의 이성욱 단시조 창작 사상(포에지)은 우주와 만상을 포월(胞越)하는 우리 삶의 근원에 닿아 있는 아름다운 지혜의 소산이다. 그러므로 이성욱 시인은 우리(독자)를 세상의 그 어느 곳에 함께 해도 우리의 감각과 정신의 자리를 여유롭게 마련해 보인다.

월미도 2층 카페
창가에 앉아 보면

눈섶 아래 그어지는
인천대교 다리 아래

오가는 어느 배들이
조급해서 다투던가.

—「여유」 전문

시인의 시야(視野, 어포던스)가 여유에 가득 찬 스탠스(Stance)를 유지하고 있는 초장으로 우리도 전망 좋은 인천항 월미도 어느 2층 카페에 앉았다. 기분 100%의 어포던스이겠다. 중장 첫마디 "눈섶 아래 그어지는/ 인천대교 다리 아래"라는 이미저리는 그 원근적 어포던스가 빼어난 무기교의 기교적 효과 100%다. 바로 인천대교 다리를 앞에 대한 듯한 리얼리티 실경일 터이다. 그런데 이 실경 산수가 비오리 따위를 노래하자는 것이 아니라 종장의 시조 사상(思想)의 노래에 있음을 우리는 느껴 심장이 내려앉는 경이의 눈을 뜨고 마는 것이다. 종장 세 마디 첫 음보 '오가는'의 실경도 좋아 죽겠지만 무수히(아니더라도) 오가는 배들의 저 유유자적한 순항 모습에서 우주의 질서를 읽어내고 있는 시인의 눈에서 우리는 참으로 영묘(靈妙)를 느끼는 것이다. 아름답고도 시원하게 넓은 정경일체(情景一體)의 인문학 정수를 우리는 심미(審美)롭게 맛보게 되는 것이다. 심신의 두둑한 여유를, 이성욱 시인의 '신의 한 수(首)'로— .

우짜꼬, 차례 없이
단번에 피고 지면

꽃 진 후 내 곁에는
누가 있어 잠이 들제

나는 왜 설레이는가

이 나이도 장년인가.

—「잊은 나이」 전문

초장, 중장의 방언 구사는 이성욱 시인의 진솔한 인품이 실감나는 콘텍스트 미학이거니와 '나이'가 주제인 텍스트의 격조를 높여주기도 하는 시인만의 경륜의 소치일 터이다. 종장의 첫 마디 "나는 왜"도 파격적 도치법 기용으로 볼 만하다. 특히 이성욱 단수시조의 의상적(意像的) 언지(言志)가 돌올하게 빛 부신 바는 시인이 잊은 나이에 빗대어 삶을 "단번에 피고 지면"(초장 제2구)이라 한 돈오돈수(頓悟頓修) 깨우침 사유(思惟)의 감회다. 나(평설자)는 돈오점수파(頓悟漸修派)지만 시인(이성욱)은 돈오돈수를 짐짓 염려하는 듯하다(중장). 더구나 종장에 자신의 나이가 장년인 듯 설렌다 했으니 미상불 중장의 짐짓 점잖은 방사 낌새의 수심(愁心)은 자못 능청스러우시다. 고시조에 에로티시즘 시조가 몇 수 있긴 하나 이성욱 단시조 「잊은 나이」는 그런 류는 전연 아니겠거니와 또한 전혀 아니지도 아니하니 이 시조의 매혹점은 바로 이 앰비규이티(兩價心理)에 있지 않나 싶다. 이성욱 시인의 멋스러운 테크니션 소산일 터이다. 단시조 읽기의 즐거움인 것이다. 이 같은 중의성의 감각적 표상화도 시적 파동과 시어의 묘미를 확장한다. 이성욱 시인과 같은 언어 운용과 시구조 미학의 달인에게서만 기대할 수 있는 시조 표현상의 기예(技藝) 소산인 것이다. 이상과 같은 층위에서 살핀 이성욱 제2시조집 『10월의 강둑에서』의 〈1. 단수시조 조명〉은 여기서 피날레를 고하고 다음 〈2. 연시조〉 평설로 넘어가려 한다.

2. 이성욱의 연시조

이번 이성욱 제2시조집 『10월의 강둑에서』의 메타 텍스트가 포함된 2부 연시조 평설 파트에 주목해 보고자 한다.

지우는 강둑에서 옛날을 그려보고
그리운 강둑에서 내일을 넘겨보니
키 낮은 마른 풀들도 땅심으로 안심이며.

바라본 삼각산과 고향의 앞동산은
그 기상 그 모습이 지금도 그대로라
난, 오늘 10월의 강둑에서 봄 햇살을 맞고 있다.

— 「10월의 강둑에서」 전문

연시조(連〈聯〉時調)는 단수시조(3장 6구 12음보)가 한 수(首) 이상 2수, 3수 중첩되어 연이어진 단시조 중첩 개념이다. 따라서 그 단시조와 단시조 연(連)합(合)해 가는 접경(接境)으로써의 중첩 계기가 무엇으로, 즉 언어냐 시상(詩想)이냐에 따라 변조가 생기는 것이다.

그래서 '시주러(Caesura, 중간 휴지)'라는 앞 단수시의 종장 끄트머리와 연잇는 뒷 단수시 초장 첫 음보와의 교묘한 미학적 연접 기술도 발생하는 것이다.

예시(例詩)에서 본다. 시조집 메타 텍스트 「10월의 강둑에서」에서 첫 수 종장 "키 낮은 마른 풀들도 땅심으로 안심이며."는 1행 2개구로써 첫 수의 종장 자질을 충실히 구현하고 있다. 그런데 이 종장의 제4종결 음보가 "안심이다."가 아닌 "안심이며."인 것은 왜인가? 제2수(首) 첫 장과의 연접을 위한 중간 휴지(中間休止, Caesura)이다. '안심이다.' 식으로 딱 잡아떼는 게 아니라 일단 쉬면서 의상상(意像上)으로도 다음 수(首)와 자연스럽게 연속되는 연시조 제작의 고도한 방편인 것이다. 그리고 2수 종장 첫 음보 "난, 오늘"이라는 시조 3장 첫 3음절 음수율 고수는 빛나는 이성욱 시조 달인술의 명불허전 결과물일 터이다. 이 연시조의 뜻이야 시인의 편안한 평시조 두 수 외연(外連, Extension)만으로도 독해가 용이한 터이고, 다만 둘째 수 종장 "10월의 강둑에서 봄 햇살을 맞고 있다."라는 표상 이미저리는 '10월의 강둑' 이 '10월' 에 의미가 있는지, '강둑' 에 의미가 있는지 문제지만, 다음 3~4음보(6구) "봄 햇살을 맞고 있다."는 두 음보구 간의 불가역성 이미지즘으로 보면, 10월의 강둑은 현실 그대로 10월의 강둑이되 "봄 햇살을 맞고 있다"는 상징이다. 조락의 계절(10월의 강둑) 강둑처럼 유장한 강물의 흐름이지만 시인(화자)은 '봄 햇살' 이라는 상징어가 주는 따스한 부활의 심등(心燈)을 켜들고 있다는 이른바 심기일전의 새 삶을 맞이한다는, 우리

(독자)에게 저 베르그송 생(生)의 도약 철학(엘랑비탈)을 일깨워 주는 표제(表題)시조다운 연시조라 하겠다. '봄 햇살'이라는 이른바, 시에서 모든 관념은 어떤 형태이든 물리적인 존재를 수반해 이미지화 되어야 한다는 슈퍼비니언스(Supervenience) 기법 소산의 괄목할 만한 언어 구사일 터이다. 다음 이성욱 연시조의 파천황(破天荒)을 보자.

까투리야 고만고만 맨얼굴도 그만이고
장끼란 놈 꽃단장에 목청까지 쉬었으나
이것도 운명이라면 지칠 수도 없는 일.

갈기 선 수사자 포효에 백수가 얼고
암사자 한동안은 다소곳도 하였으나
그것도 길어야 한 십 년 홀로 누운 홀아비.

—「수컷 애환」 전문

이 연시조가 각 종장 종결 음보가 명사형 종지로 끝나고 있는 데엔 앞서 말한 시인의 시주러 전략이 숨겨져 있다는 사실(Fact)부터 짚고 넘어간다. 메타 텍스트 「수컷 애환」이라는 '수컷'도 시조라는 전통 시가의 점잖을손 선비적 관행을 일탈하고 있는 이성욱 시인의 시조 현대화 일로의 과단성 소이로 돋보인다 하겠다. 본문의 구어체 가락에도 같은 나의 평가이고, 첫 수 첫 장 첫 음보 "까투리", 둘째 장 첫 음보 "장끼"와 둘째 수의

'ㄱ' 음의 연이은 구사는 시인의 시조 언어 율려 의식이 얼마나 도저한가를 반영하는 호례지사(好例之詞)에 다름 아니다. 첫 수 종장 "이것도"와 둘째 수 종장 "그것도"와 같은 대구류 구사도 돌올성의 이성욱 시조 시학의 특성일 것이며, 첫 수의 잔잔한 순명의 어조(Tone)와 연수의 강렬한 맹수 묘사 어조(Tone)를 대비시키고 있는 이성욱 시인의 조사술(措辭術)은 일품(逸品)에 값한다 하겠다. 굳이 이 연시조의 언지(言志)로 말하자면 사람 특히 나이 든 사람(男性)의 애환을 읊되 화자의 상배 후 한 십 년 홀아비 되고 있는 애사(哀史)를 뒷 수에서 적나라히 암시하고 있다. 다음은 3연수이다.

가슴 속이 떳떳하니 군자는 편안하고
조금 더 얻으려다 다 잃는 건 소인일세
그대는 어느 쪽인가 어느 쪽도 아닌가.

부끄러움 지키면서 살기란 어려운 일
그러나 가서는 안 될 길을 갈 일인가
외진 길 바보 졸(拙)의 길 그 길섶에 시가 있네.

덜 가지면 또 어떠니 구름 걷혀 달은 밝고
집집이 꽃은 피어 봄기운 그득하다
모두들 마당에 나와 꽃핀 세상 함께 볼까.

—「우연히 시를 만나다」 전문

3수 연시조인 이 시조의 첫 수에는 초장의 군자(君子)와 중장에 소인(小人)을 대비해 그 물욕을 경계하는 모랄리즘이 강조되어 있다. 특히 종장의 삼전어적 표상 이미지는 독자의 내심을 결단케 하는 시조의 리얼리즘 의상(意像)이 적실성을 얻어 연시조 발상수[發起首]로써 훌륭한 위상에 이르고 있다. 첫 수를 받아 둘째 수는 청빈낙도의 길이 시를 낳는다는 '혜안의 길'을 종장에 클로즈업하고 있는 바, 외진 길 졸(拙)의 길 그 길섶에 시가 있다는 정격 삼전어(三轉語, 『벽암록』 제96칙, 근주시중삼전어(趙州示衆三轉語))로써 미혹을 일거에 급변시켜 깨우침을 얻게 한다. 이성욱 연시조 둘째 수 종장 "외진 길 바보 졸(拙)의 길 그 길섶에 시가 있네."가 그것이다. 외진 길 바보 졸(拙)의 길 그 길섶에 시(지혜로운 말들로 가득 찬 절)가 있다니 그 어찌나 파라독시칼한 일인가. 시인의 거친 듯 진솔(眞率)과 진정성이 짙게 밴 소야(疏野)의 시학 풍격(風格)일 터이다. 그리고 후말 수 "집집이 꽃은 피어 봄기운 그득"한 가화만사성의 중장과 종장의 온 가족이 꽃 피운 세상을 함께 보자는 이른바 시조 종장의 시인의 언지(言志)가 지향하고 있는 언어 지향성(志向性, Intentionality)을 간과해선 안 된다. 이 표상 언어 말 뒤에 깔린 말(여운)이 바로 언외언(言外言)의 경지일 터이다. 이와 같은 암시의 기법은 자유시에선 전가의 보도인 셈이다. 따라서 이성욱 시인은 이 세 수 연시조 「우연히 시를 만나다」에서 사람이 군자가 되는 길의 시(詩)와 같은 아름다운 가화만사성의 길로 가는 인텐셔널리티 미학을 삼전어와 언외언의 시학 기법에 담아 귀중한 언지로써 펼쳐 보이고 있는 것이다. 다음 4수 연시를 본다.

하늘도 답답해 눈 감은 미시였나
언제쯤 우리들도 우리 소리 낼 것인가
참으로 면벽고행에 더디 오는 솔숲의 봄.

어처구니없는 일이 또 이렇게 불거지니
나의 덕 없음을 나무라는 나의 한숨
기막혀 울 수 없는 난 무슨 말을 해야 하나.

하기야 무슨 말 · 글 펼쳐놓고 집어준들
새봄이 다가옴을 짐작이나 하더이까
눈치로 올 봄 아닌데 눈치로만 살피네.

오늘도 세종은 세종로에 훤히 앉아
어린 사람 눈이 되고 즐거이 귀가 됨을
교보*는 알고 있다네 더디 오는 봄까지도.

* 교보(敎保) : 서울 세종로 소재 '교보문고' 본점.

—「더디 오는 솔숲의 봄」 전문

이 시조의 '솔숲'은 어디인가. 어느 특정 장소가 아니란 듯이 단시조 네 수 어디에도 특정한 공간임을 제시한 바가 없다. 한자로 송림(松林)일 터이나 그런 곳도 시의 프레임 안에 지시된 바가 없다. 그러나 '송림'의 시니피에가 '교육(敎育)의 숲'이란 우리 지성(知性)의 확장력은 믿을 만하다. 더구나 시 바깥에 설명되고 있는 교보(敎保)라는 에스터리스크가 있고 물론 시에도 교보(敎保)(4수 종장 첫 음보)가 적시되어 있다. 「더디 오는 솔숲의 봄」의 '솔숲'은 이 땅의 교육 기관, 즉 학교일 터이다. 이리 되면 이 연시조의 내막은 잘 들여다보이는 숲속처럼 훤하게 들여다보일 것이다.

첫 수는 이 땅의 교육 현실을(이성욱 시인은 교육대학원 국어 교육 전공자다) 개결설의 의상(意像)에 싣고 있다. 종장 후말구 "더디 오는 솔숲의 봄."이라 명사형으로 종결 짓고 있는 바는 이 땅의 교육 현장에 더디 오는 봄을 강조하는 강세법 소산이다.

둘째 수 초장의 "어처구니없는 일"이 저 수천만 한국인의 심장에 무쇠덩이로 가라앉아 있는 '세월호 참사'임을 감각치 못한 이 뉘 있겠는가. 이 일을 시인의 부덕 소치로 나무라고 기막혀 울지도 못하는 시인의 묵언은 그러나 이렇게 시(詩)로써 만천하에 포고되고 있다. 시(詩)의 힘을 우리는 사무치는 통곡, 통한의 언어라 한다. 그러나 시인은 셋째 수에서 눈치로만 살피는 어둔 숲속의 봄을 어서 오라 간망한다. 그리하여 그 간망은 세종대왕께서 세종로 동상으로 앉아서도 어린 사람(국민) 눈이 되고 귀가 되는 걸 교보(敎保)가 알고 있다는 사실(Fact)로 전화(轉化)되는 시의식을 보인다. 단시조는 반복과 전환이라는 3장 단수시조의 구조적 원리에 따른 언어 운영의 미학이 되풀이되면서 의미,

즉 언지적(言志的) 층위의 폭과 심도가 깊어진다. 이와 같은 이성욱 시조 시학의 의상(意像) 전개는 구어체 자연발화로 시어를 구사하는 이성욱 시인의 언어 세공과 장인적(匠人的) 기질로서 예시와 같이 무거운 제재까지도 4수의 연시조에 현현(顯現)해 보이는 연시조 미학의 경계를 구현하고 있다 하겠다.

이제 이성욱 4수 연시조까지 살핌으로써 그의 단수 시조와 연시조의 경계에 탐색의 글길을 쉬지 않고 가히 내 딴에는 표절따가 뒷발굽 땅을 박차듯이 주마축지(走馬縮地)는 아니었나 자족하면서 나 역시 '그래도 이승이 낫다' 싶기도 하다. 이성욱 시인의 성가(聲價) 높은 시조집 『수중보』와 시집 『아름다운 사람들』, 『5월의 뜨락에 내려서면』과 월간 『문학세계』에 역작 시조를 만들 때마다 즐겁게 숙독해 오고 있어서이다. 「그래도 이승이 낫다」를 음미하면서 비로소 척박하게나마 이 평설글에 피리어드를 놓을까 한다.

흙 속의 십칠 년이 얼마나 길었으면
나뭇가지 부여잡고 3주째 울고 있다
나는 왜 떠나야 하나 또 이렇게 땅 속으로.

누구는 매미를 맴, 맴, 맴 운다지만
내 귀엔 그 울음이 왜, 왜로 들려옴은
그래도 이승이 낫다 울며라도 살라 하네.

—「그래도 이승이 낫다」 전문

「그래도 이승이 낫다」는 단시조 2개 수를 장 단위 3행 1연씩으로 기사한 정격 연시조로서 참으로 많은 테크니션을 내장하고 있는 이성욱 연시조 문제작이다. 그렇다 하는 첫째 자질은 첫 수 중장 끝마디와 종장 첫마디가 걸치는 시주러 기법이다. 이 중장 2구 "3주째 울고 있다"와 종장 "나는 왜 떠나야 하나"는 장가름이 아니면 본래는 "나는 왜 떠나야 하나 3주째 울고 있다"는 1장 4음보의 1행분 표상 문장이다. 그럼에도 두 음보씩 두 구로 도치해 분장(分章)한 까닭은 "3주째 울고 있"음의 의미론적인 강조를 위한 조처인데 이 때문에 "울고 있다"에 종지 부호(.)가 없고 다음 종장 첫마디부터 걸치기 위한 시주러의 테크닉이 실현되고 있는 것이다. 물론 이 시주러는 저 "나는 왜 떠나야 하나 3주째 울고 있다"는 도치 전 문장의 3음보 연속에서 오는 지루함의 해소책이기도 한 것이다. 그리고 이 첫 수 종장 필수적 첫 세 마디 "나는 왜"의 경우 운율상 '나는' '왜 떠나야'가 아닌 "나는 왜"까지 3음절로 읽어야(노래해야) 한다는 사실을 염두에 뒀음을 명심해야 할 터이다. 그리고 또 둘째 수 첫 장의 "맴, 맴, 맴 운다지만" 구와 2장 "왜, 왜로 들려옴은"이 환기하는 삼전어(三轉語)의 구사는 이성욱 시인의 달변의 테크니션이며, 3장 첫 음보를 세 마디로 한정해야 한다는 철칙을 위해 특히 "그래도"라는 한정사를 필용(必用)한 바 또한 이성욱 시인의 출중한 역량 소치인 것이다. 이래서도 이 종장의 의미론적 심미성은 마지막 구 첫 음보 "울며라도"와 코레스퐁당스(照應) 자질에 직핍한 효과를 거두고 있다 하겠다. 매미가 인간에게 하는 그 곡진성이야말로 우리가 만물의 영장일까 되묻고 싶을 정도로 시인의 리얼리즘은 탁월성의 미학으로 현현(顯現)하고 있을 터이다. 특히 이 종장의 참신하고 아름다운 비조(悲調)의 메타포어(은유, 隱喩) 미학 구축 솜씨에는 두 손 들어 시인의 시적 솜씨에 경의를 표할 수밖에 없다. 이 종장의 '초충'에 전신으로 공명하고 있는 포에지가 바로 시 전체의 뛰어난 부양력에 다름 아님을 부연하는 바이다.

이성욱 시인은 근년에 현대시조단에서 새롭게 일고 있는 정격과 파격에 대한 논란을 결코 외면치 않고, 은근히 3장 6구 12음보라는 고유한 시조의 틀 안에서 자유를 누려야 한다는 주장을 말없이 가시적 작품으로 보여주고 있다(즉 이성욱 시인의 기사(記寫)는 한 수를 3장으로 통일하고, 단수일 때는 3장 6행 기사로). 이런 노력은 결국 시조의 세계화에도 큰 도움이 될 것이다.

한마디로 이성욱 시인은 시조 작가로서의 사명감과 높은 긍지를 가지고 있을 뿐 아니라, 그의 시조는 그 내용과 형식이 잘 조화된 단아하고 격조 높은 작품이라 하겠다. 그의 왕성한 창작 활동에 거는 기대가 큰 까닭이 바로 여기에 있다 하겠다.

문학세계대표작가선 791

10월의 강둑에서

이성욱 제2시조집

인쇄 1판 1쇄 2016년 10월 17일
발행 1판 1쇄 2016년 10월 25일

지 은 이 : 이성욱
펴 낸 이 : 김천우
펴 낸 곳 : 도서출판 천우
등 록 : 1992. 2. 15. 제1-1307호
주 소 : 서울시 성동구 무학봉28길 6 금룡빌딩 2F
전 화 : 02)2298-7661
팩 스 : 02)2298-7665
http://www.moonhaknet.com
E-mail : chunwo@hanmail.net

값 10,000원

ISBN 978-89-7954-649-1

이 도서의 국립중앙도서관 출판예정도서목록(CIP)은 서지정보유통지원시스템 홈페이지(http://seoji.nl.go.kr)와 국가자료공동목록시스템(http://www.nl.go.kr/kolisnet)에서 이용하실 수 있습니다. (CIP제어번호: CIP2016025405)